PEQUEÑOS DEPORTISTAS

SPORTS FOR SPROUTS

KARATE

KARATE

Holly Karapetkova

ROURKE PUBLISHING

Vero Beach, Florida 32964

www.rourkepublishing.com

Photo credits: Cover © Gerville Hall; Title Page © Wendy Nero, Crystal Kirk, Leah-Anne Thompson, vnosokin, Gerville Hall, Rob Marmion; Page 3 © Gerville Hall; Page 4 © Gerville Hall; Page 7 © Gerville Hall; Page 8 © Gerville Hall; Page 11 © Gerville Hall; Page 12 © Gerville Hall; Page 14 © Gerville Hall; Page 17 © Jason Lugo; Page 18 © Gerville Hall; Page 21 © Gerville Hall; Page 22 © Gerville Hall, Jason Lugo; Page 23 © Gerville Hall

Editor: Meg Greve

Cover and page design by Nicola Stratford, Blue Door Publishing
Bilingual editorial services by Cambridge BrickHouse, Inc.   www.cambridgebh.com

Library of Congress Cataloging-in-Publication Data

Karapetkova, Holly.
  Karate / Holly Karapetkova.
     p. cm. -- (Sports for sprouts)
  ISBN 978-1-60694-324-3 (hard cover)
  ISBN 978-1-60694-824-8 (soft cover)
  ISBN 978-1-60694-565-0 (bilingual)
  1. Karate--Juvenile literature. I. Title.
  GV1114.3.K35 2010
  796.815'3--dc22
                                                    2009002257

Printed in the USA

CG/CG

www.rourkepublishing.com - rourke@rourkepublishing.com
Post Office Box 643328 Vero Beach, Florida 32964

Me gusta el karate.

I like karate.

3

Llevo un uniforme blanco o negro llamado **quimono**.

I wear a white or black uniform called a **gi**.

Llevo un cinturón de color. El cinturón indica mi **nivel**.

I wear a colored belt. The belt tells my **rank**.

7

Mi clase de karate empieza con un saludo.

My karate class starts with a bow.

Aprendemos posturas. Aprendemos golpes de puño.

We learn **stances**. We learn punches.

Aprendemos cómo defendernos y cómo dar patadas.

We learn how to block and kick.

13

Aprendemos los *katas*. Los *katas* tienen golpes de puño, bloqueos y patadas.

We learn **katas**. Katas have punches, blocks, and kicks.

Hacemos los *katas* una y otra vez para aprender los movimientos.

We do katas again and again to learn the motions.

Siempre escuchamos a nuestra *sensei*, o maestra.

We listen to our **sensei**.

Siempre tenemos cuidado de no lastimarnos uno al otro.

We are always safe and careful not to hurt each other.

20

Glosario / Glossary

karate: Karate significa "mano vacía" en japonés porque los practicantes del karate pelean sin armas. Se combate solo con patadas y golpes de puño.
karate (kah-RAH-tee): Karate means "empty hand" in Japanese because karate athletes fight without weapons. They use kicks and punches to fight.

katas: Los *katas* son una serie de golpes de puño, patadas y bloqueos hechos en cierto orden. Los estudiantes de karate hacen *katas* muchas veces para aprender los movimientos básicos.
katas (KAH-tahz): Katas are series of punches, kicks, and blocks done in a certain order. Karate students practice katas many times in order to learn basic motions.

nivel: En el karate, el nivel de una persona indica su destreza. El color del cinturón denota el nivel del estudiante.
rank (RANGK): In karate, a person's rank tells how skillful he or she is. The rank is indicated by the color of the belt.

posturas: Las posturas son las posiciones que preparan al cuerpo para la acción.
stances (STANSS-iz): Stances are starting positions that prepare the body for action.

quimono: Es el uniforme para practicar karate. El quimono incluye una chaqueta y pantalones, atados con un cinturón.
gi (GEE): A gi, or do-gi, is the outfit worn in karate. The gi includes a jacket and pants and is tied with a belt.

sensei: *Sensei* significa "maestro" en japonés. Los estudiantes de karate llaman a su maestro, *sensei*.
sensei (SEN-say): Sensei is the Japanese word for "teacher." Karate students call their teacher sensei.

23

Índice / Index

Visita estas páginas en Internet / Websites to Visit

www.akakarate.com

www.ska.org

www.usankf.org

Sobre la autora / About the Author

A Holly Karapetkova, Ph.D., le encanta escribir libros y poemas para niños y adultos. Ella da clases en la Universidad de Marymount y vive en la zona de Washington, D.C., con su hijo K.J. y sus dos perros, Muffy y Attila.

Holly Karapetkova, Ph.D., loves writing books and poems for kids and adults. She teaches at Marymount University and lives in the Washington, D.C., area with her husband, her son K.J., and her two dogs, Muffy and Attila.